Viel Spaß!

1 Male aus. Schreibe in die Mitte deinen Namen.



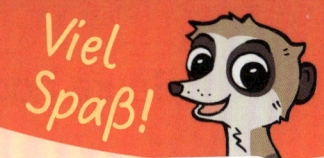

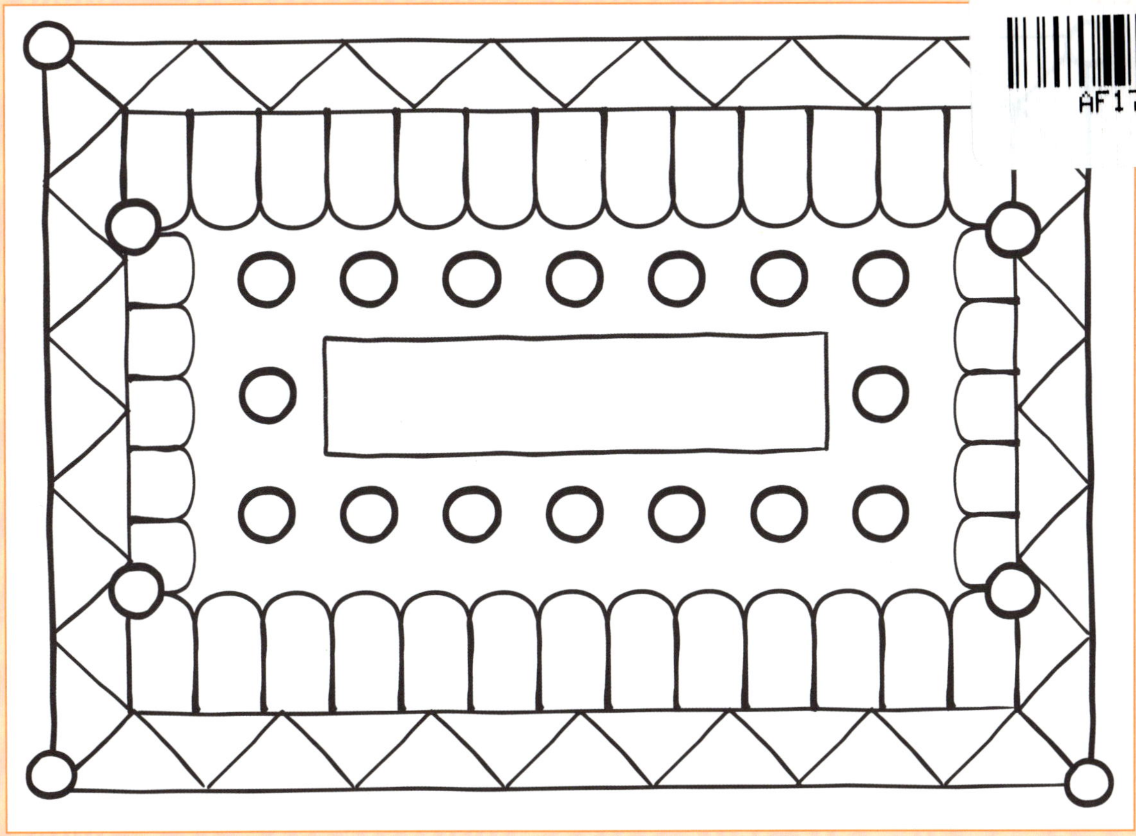

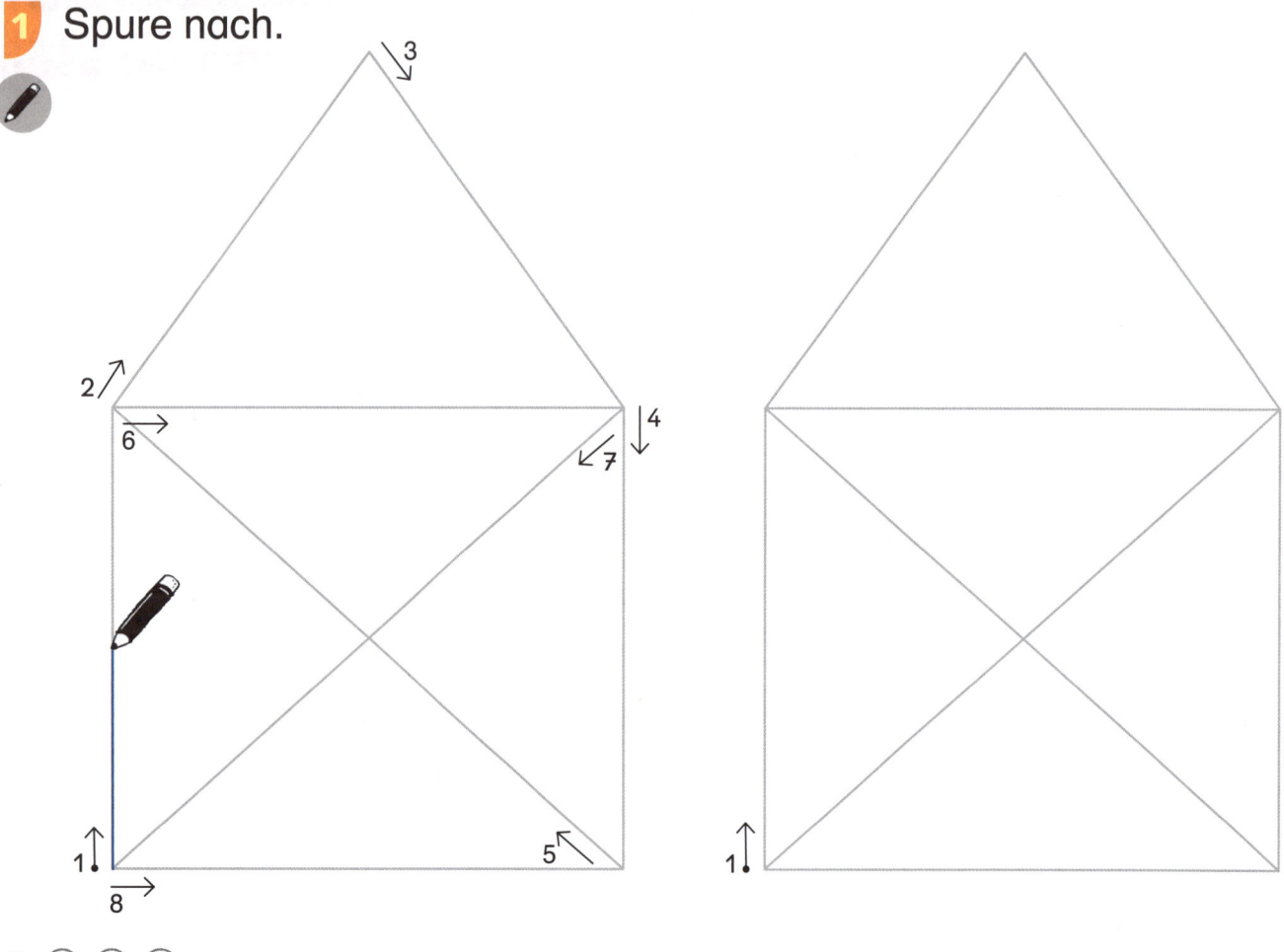

**1** Spure nach.

**2** ☺ 😐 ☹

Formen nachspuren

**1** Verbinde die Zahlen.

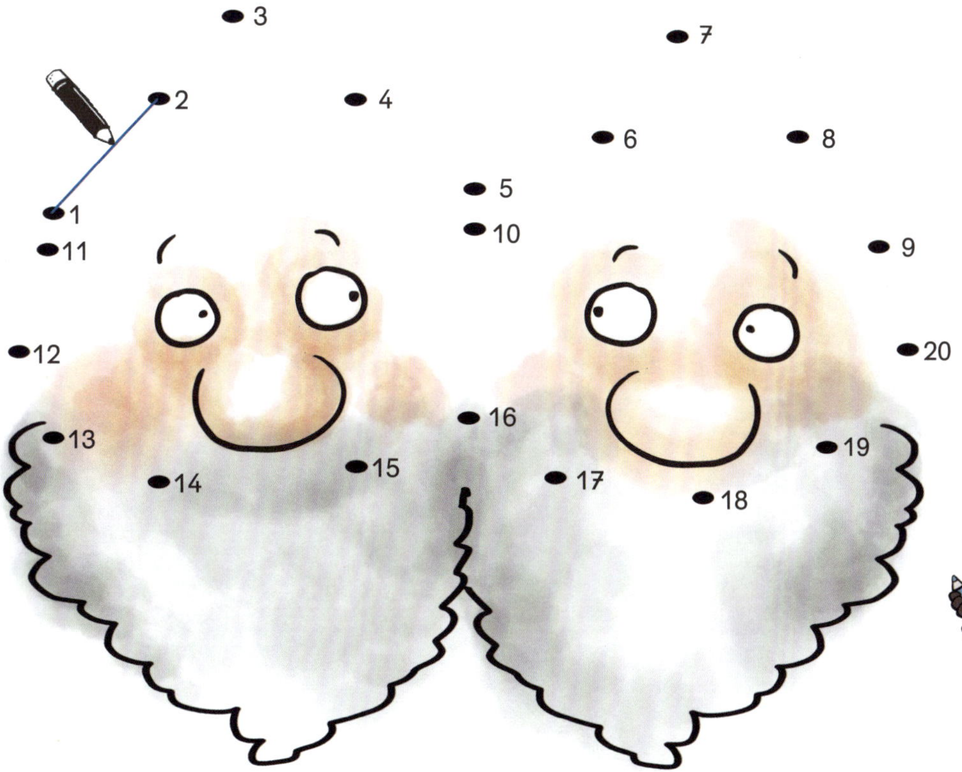

• 3

• 7

• 2

• 4

• 6          • 8

• 5

• 1

• 10

• 11          • 9

• 12          • 20

• 13          • 16          • 19

• 14          • 15          • 17          • 18

Zahlen verbinden

☺ ☺ ☹ 3

**1** Verbinde die Spinnen mit ihren Netzen.

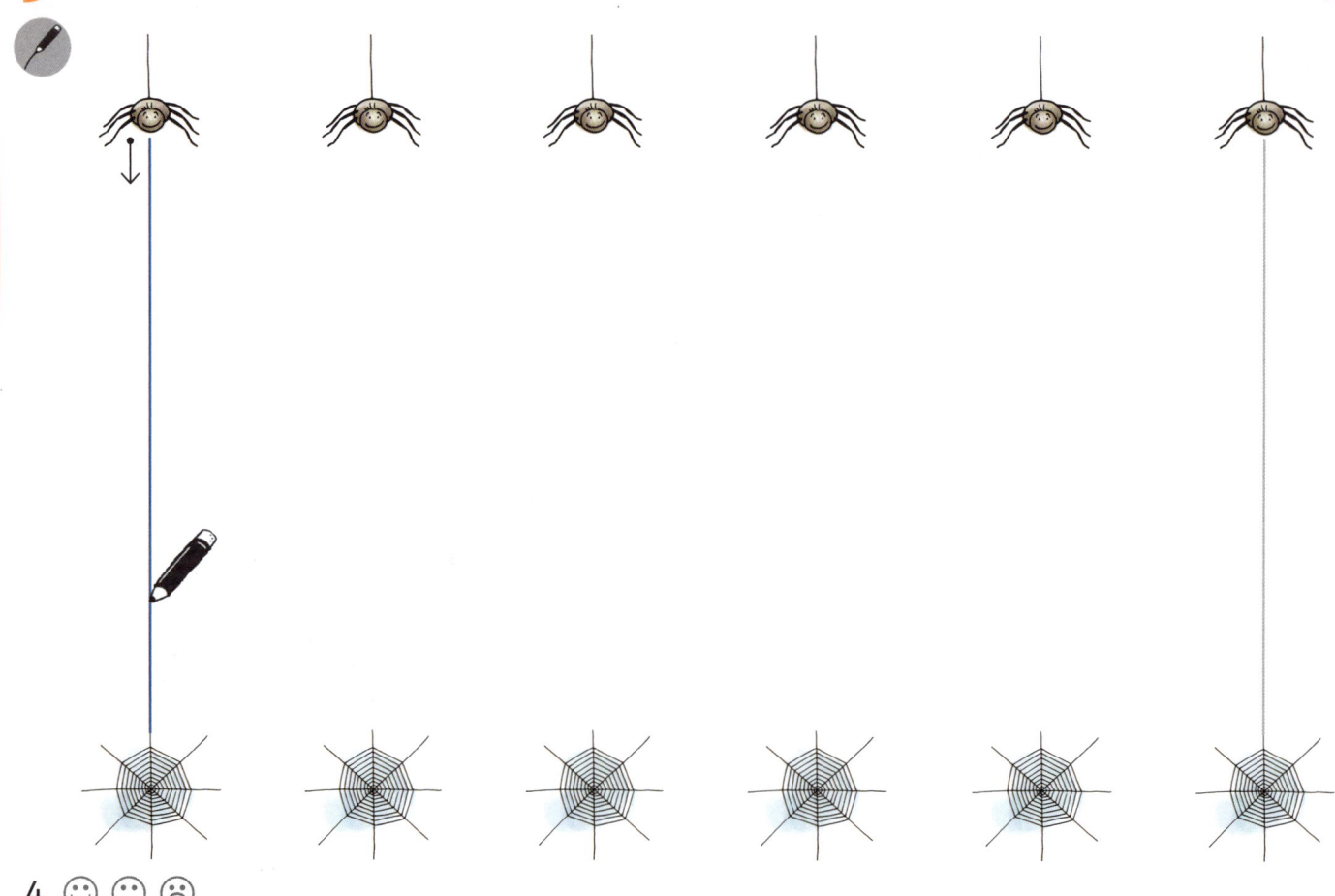

☺ 😐 ☹

# 1 Lasse die U-Boote abtauchen.

☺ ☺ ☹ 5

# 1 Bringe alle nach Hause.

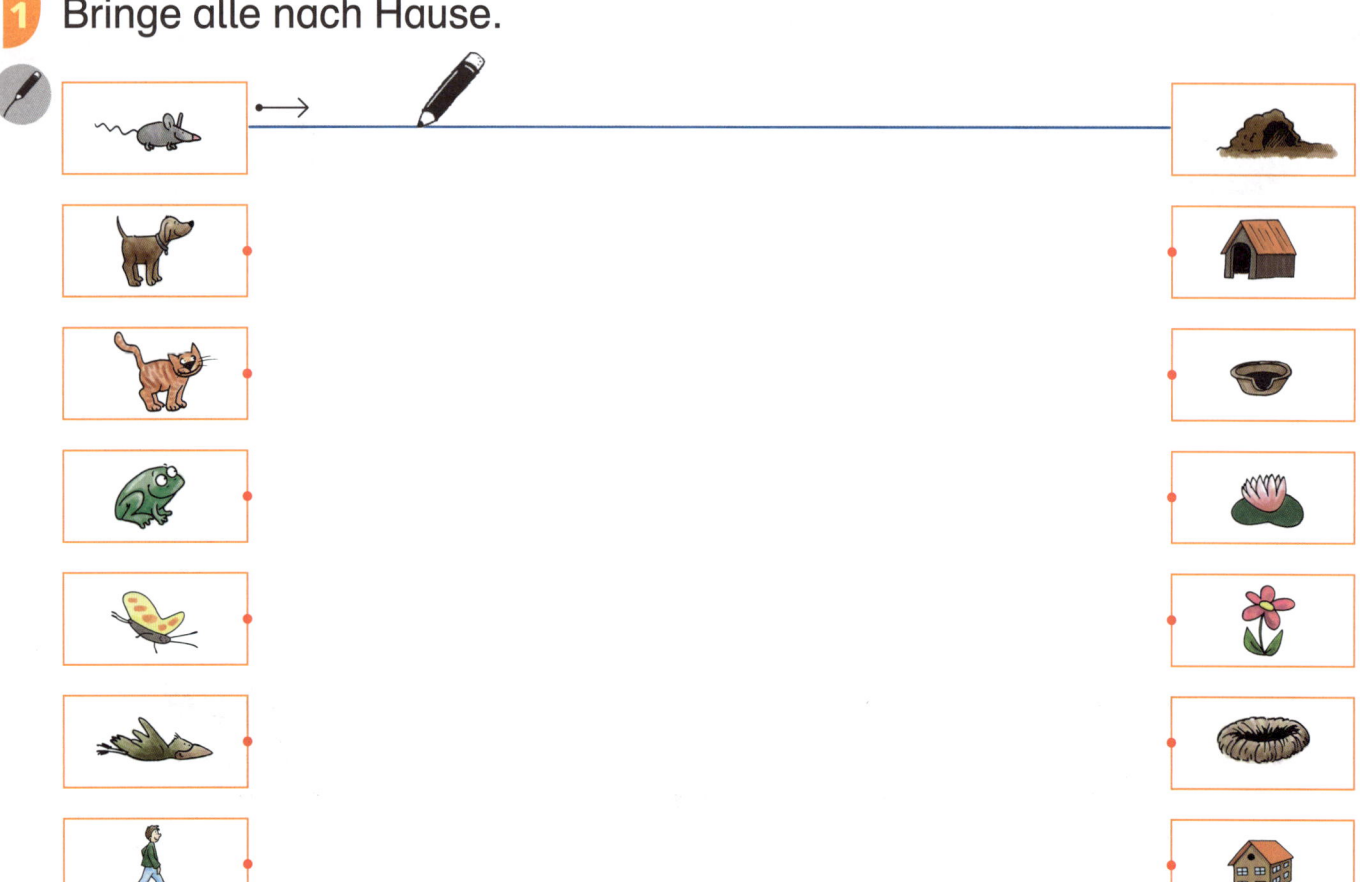

**1** Fahre die Autos in das Ziel.

7

**1** Spure die Linien nach und ergänze.

**1** Spure die Linien nach und ergänze.

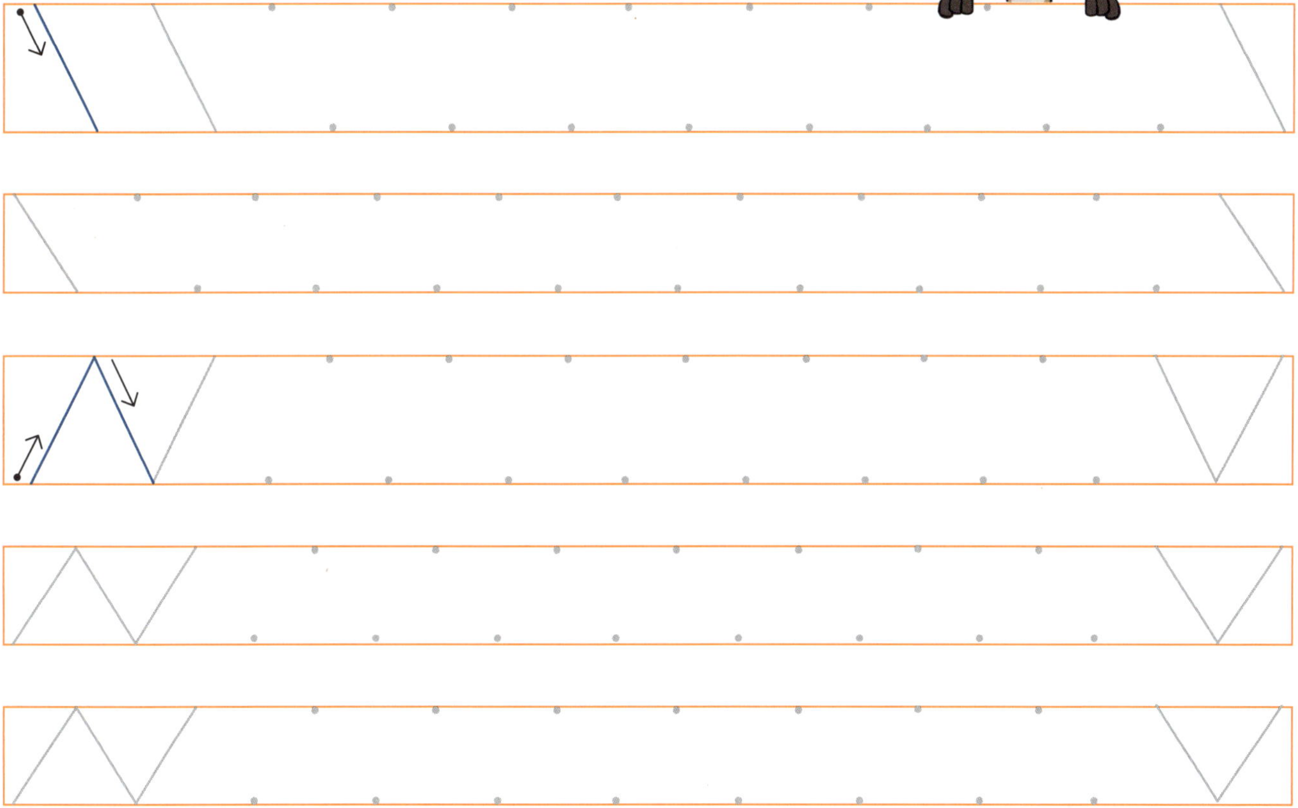

 9

# 1 Spure die Linien nach und ergänze.

# 1 Spure die Linien nach und ergänze.

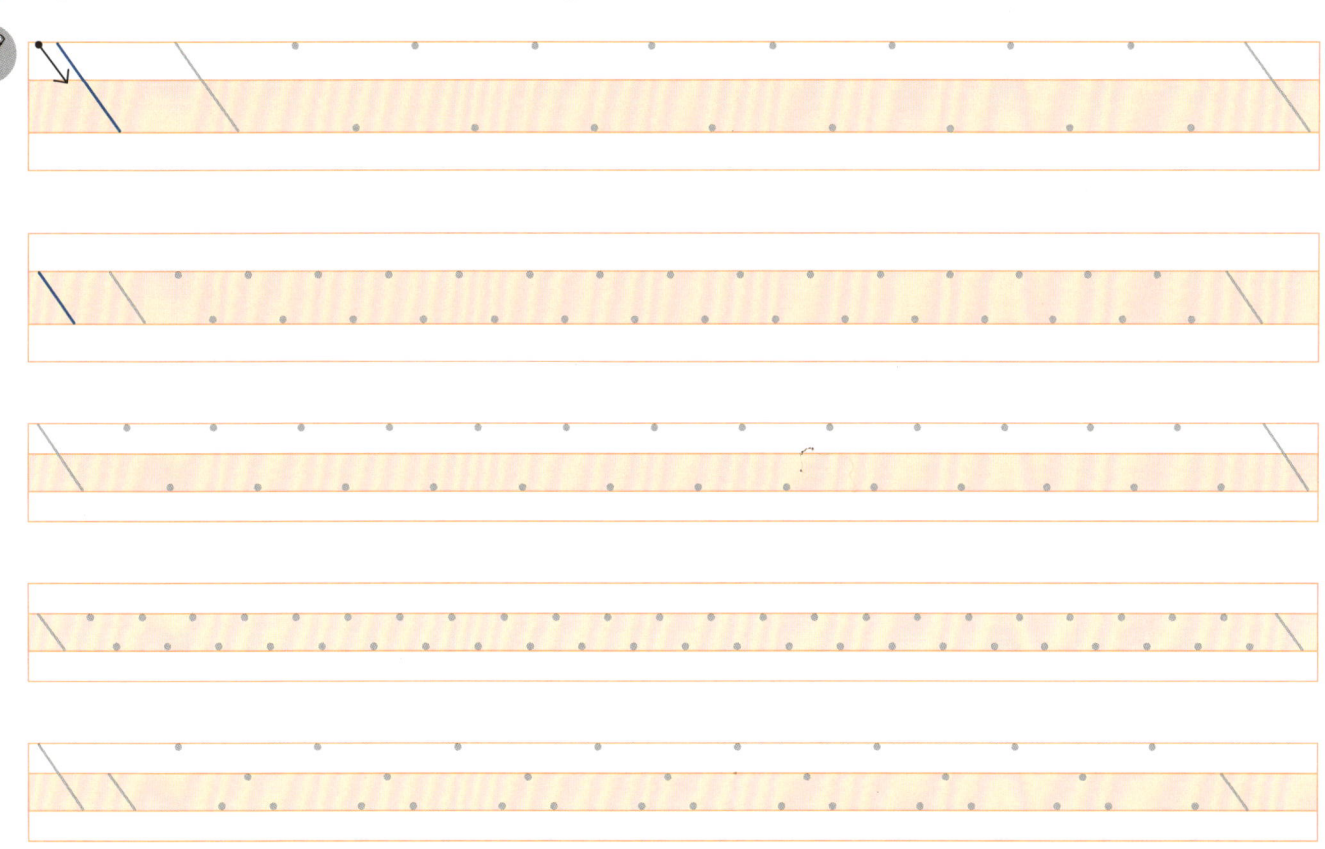

☺ 😐 ☹ 11

**1** Spure die Linien nach und ergänze.

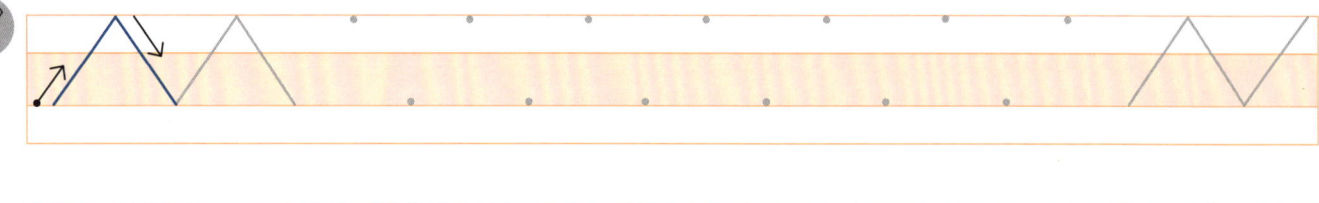

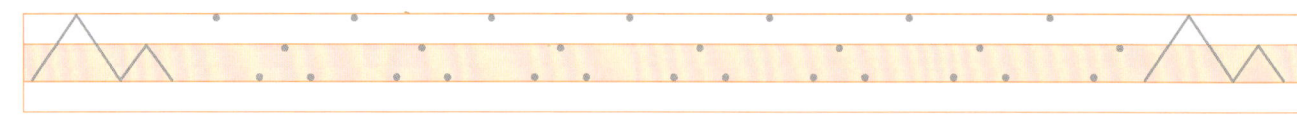

**1** Schreibe I i, A, N und M.

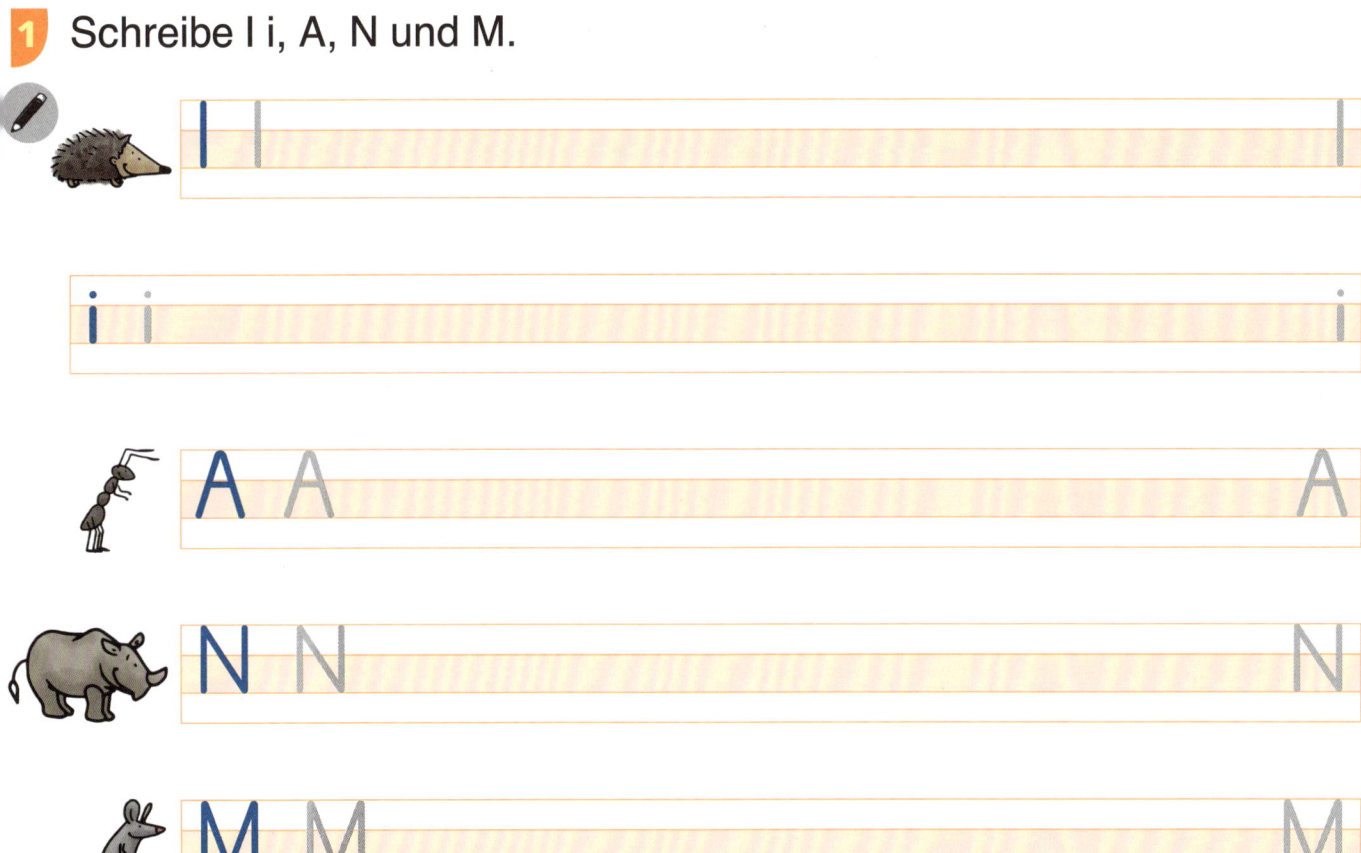

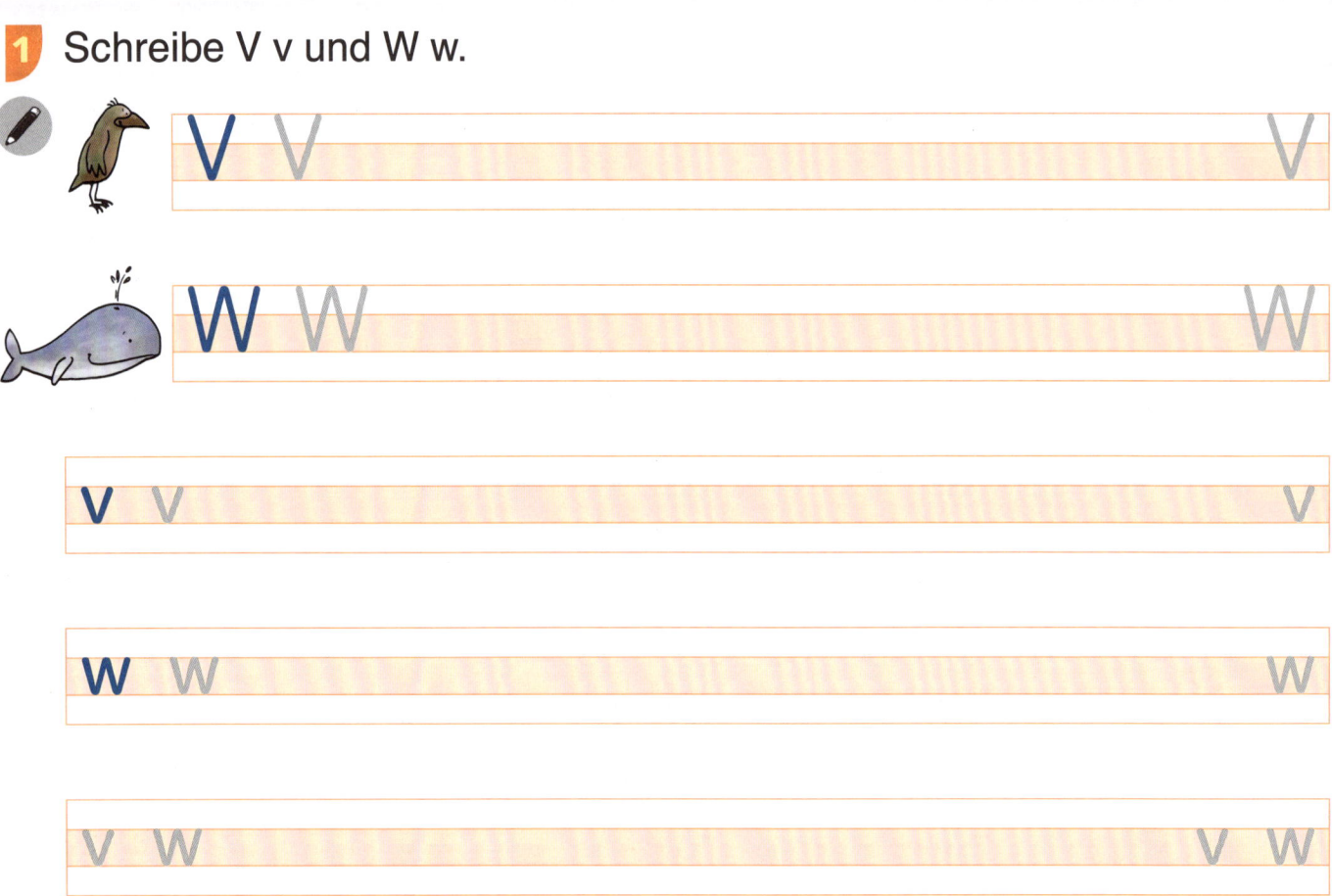

**1** Schreibe V v und W w.

V V                                                                V

W W                                                                W

v v                                                                v

w w                                                                w

v w                                                                v w

14 ☺ ☹ ☺

Viel Spaß!

**1** Spure die Punkte nach.

**1** Verbinde die Zahlen.

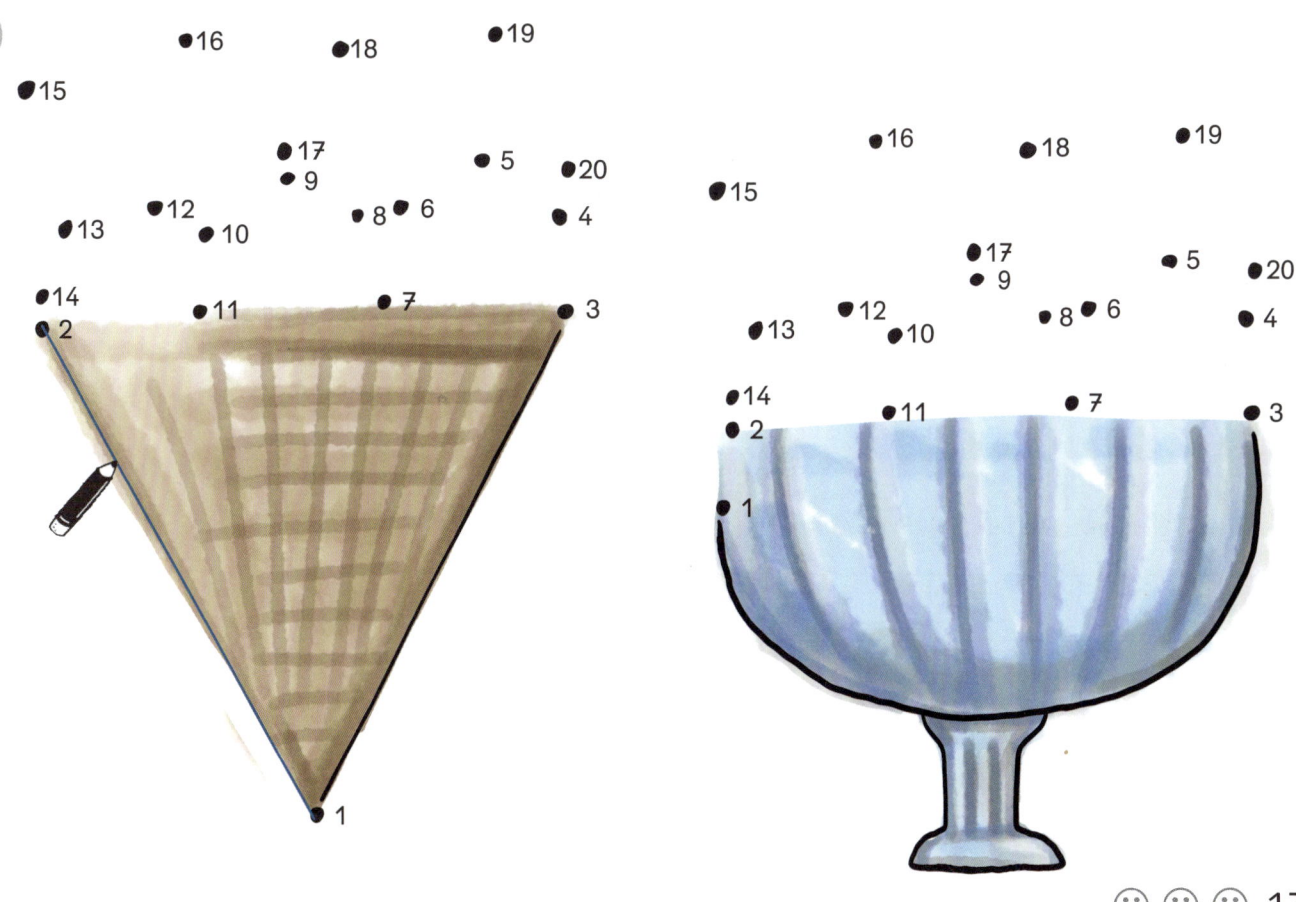

☺ 😐 ☹ 17

**1** Spure C mehrmals nach.

Benutze verschiedene Farben.

☺ 😐 ☹

**1** Spure O mehrmals nach.

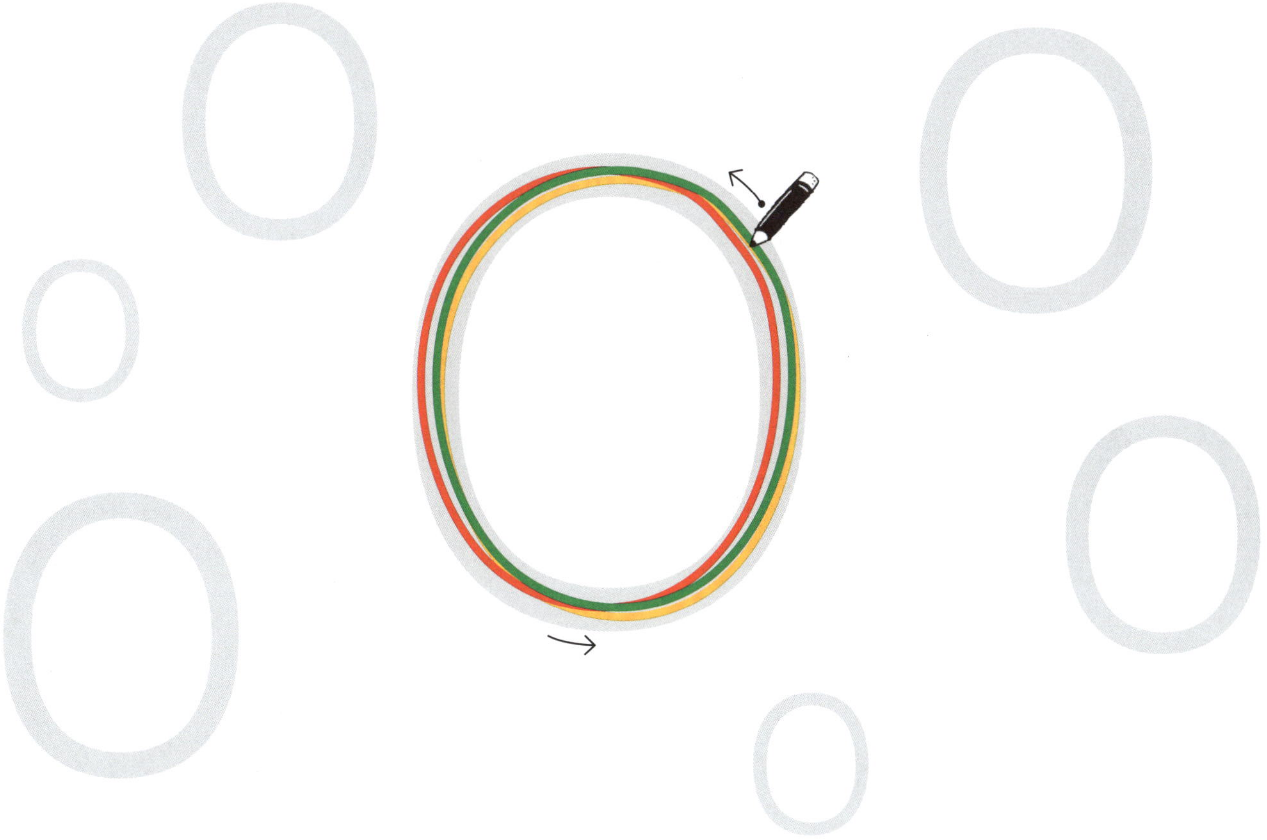

**1** Spure nach und ergänze.

## Schreibe C c.

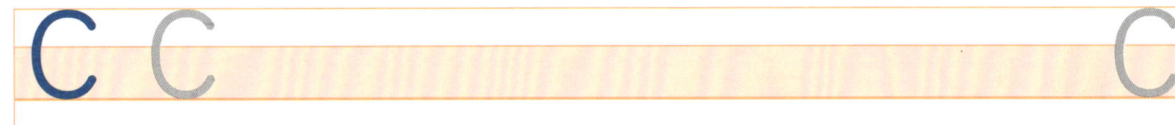

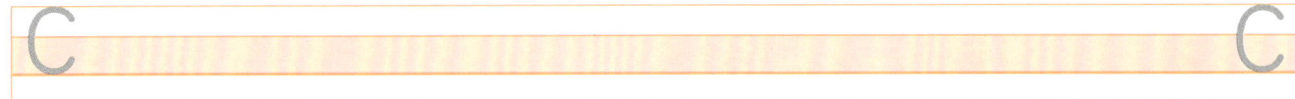

☺ 😐 ☹ 21

**1** Schreibe O o.

O  O                                                                        O

O  O                                                                        O

O                                                                        O

O                                                                        O

O  o                                                                    O  o

☺ 😐 ☹

**1** Bringe die Katze in ihr Körbchen.

**1** Spure mehrmals farbig nach.

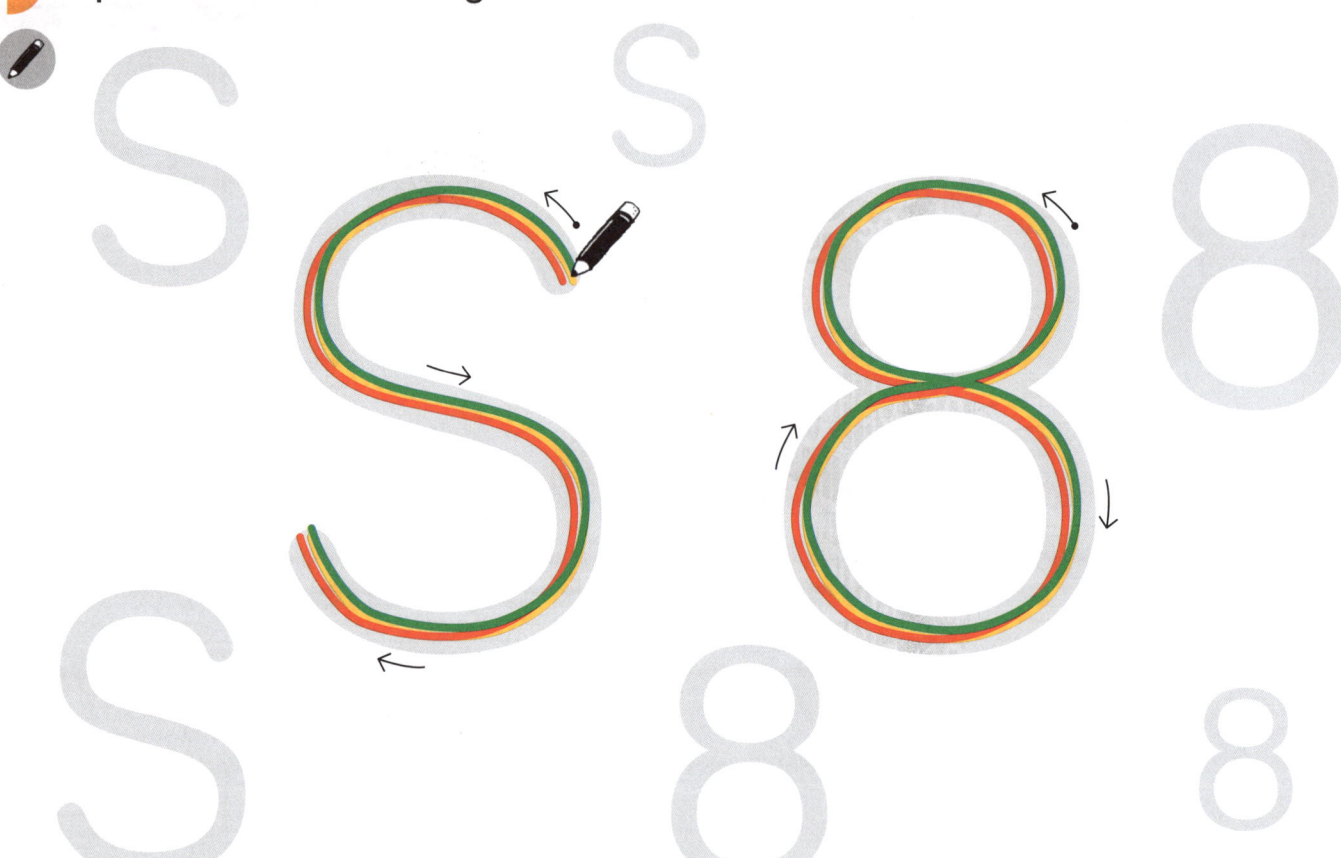

**1** Spure nach und ergänze.

 S      S                                           S

 8      8                                           8

 S                                                  S

 8                                                  8

 S 8                                              S 8

☺ 😐 ☹ 25

**1** Schreibe S und 8.

S S        S

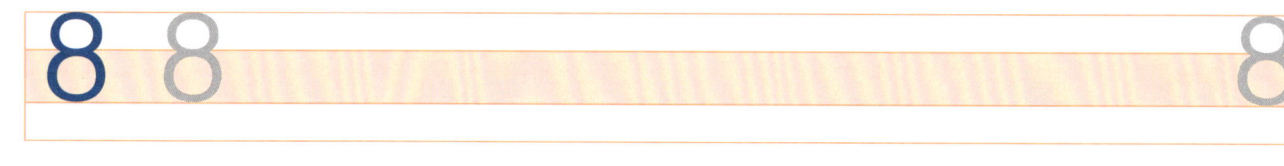

8 8        8

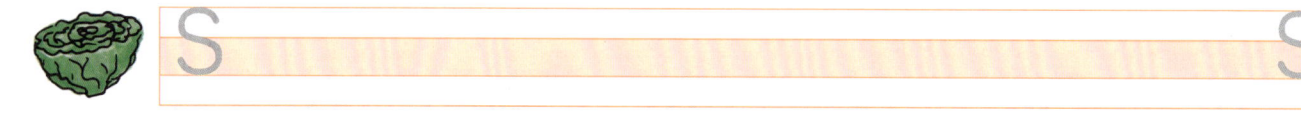

S        S

8        8

S 8        S 8

**1** Spure die Punkte nach.

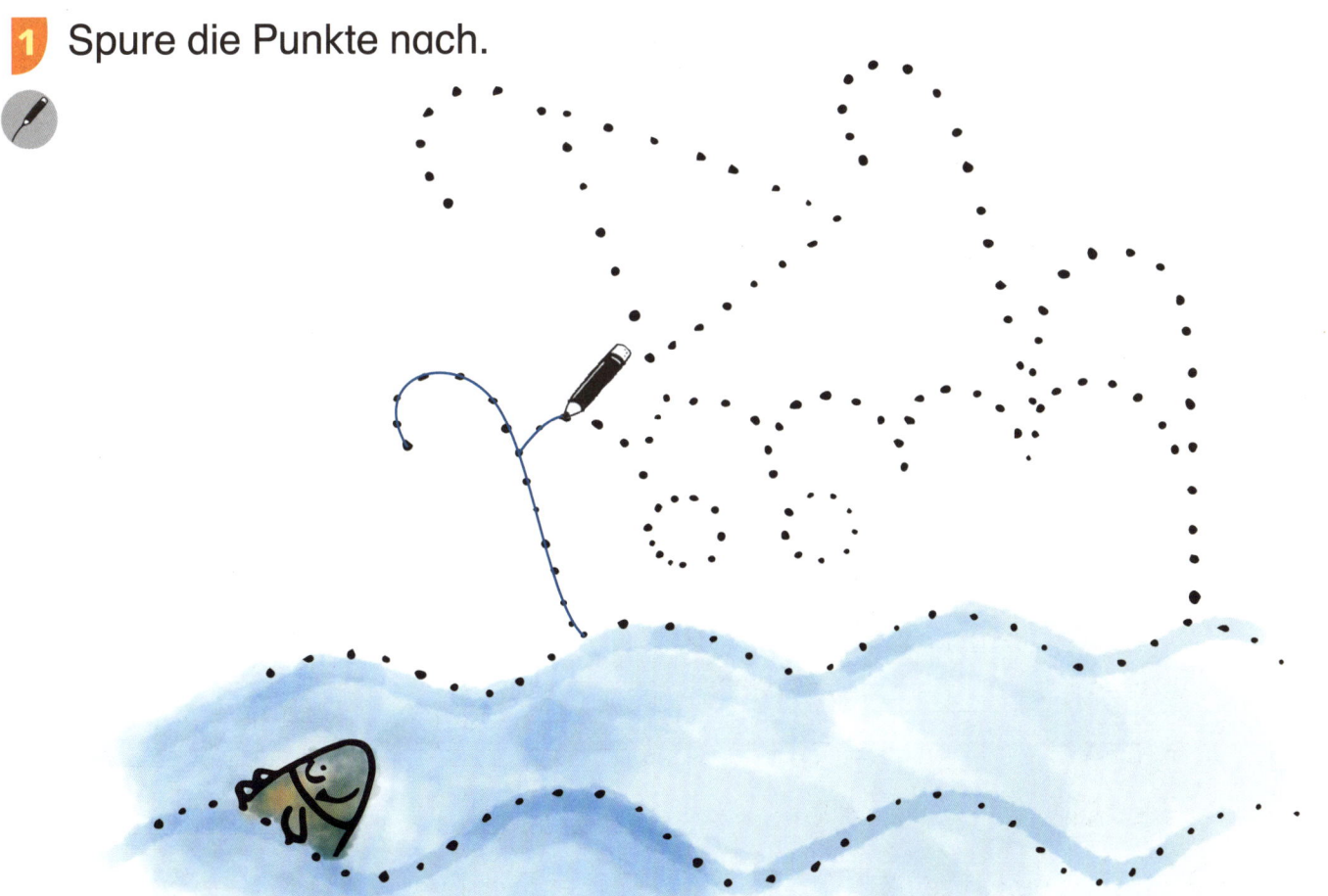

☺ ☺ ☹ 27

**1** Spure mehrmals farbig nach.

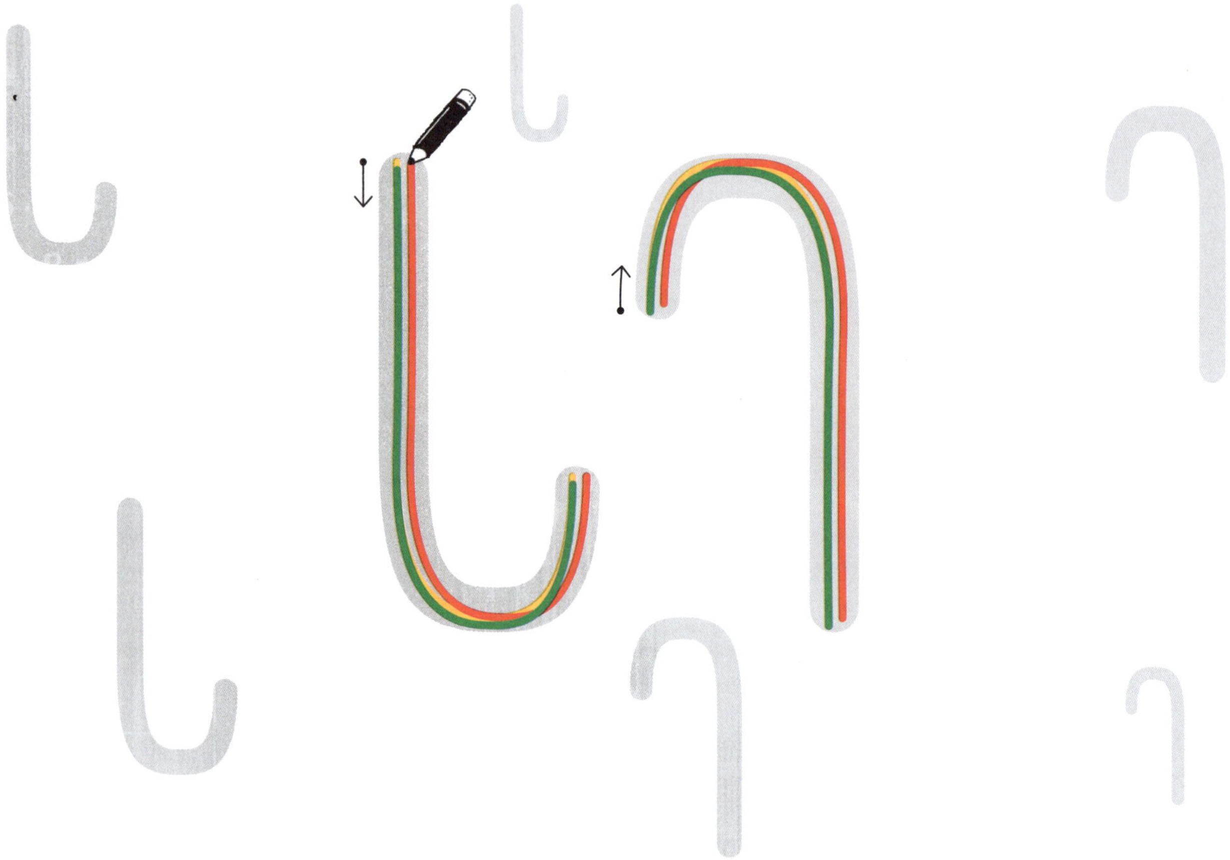

**1** Spure nach und ergänze.

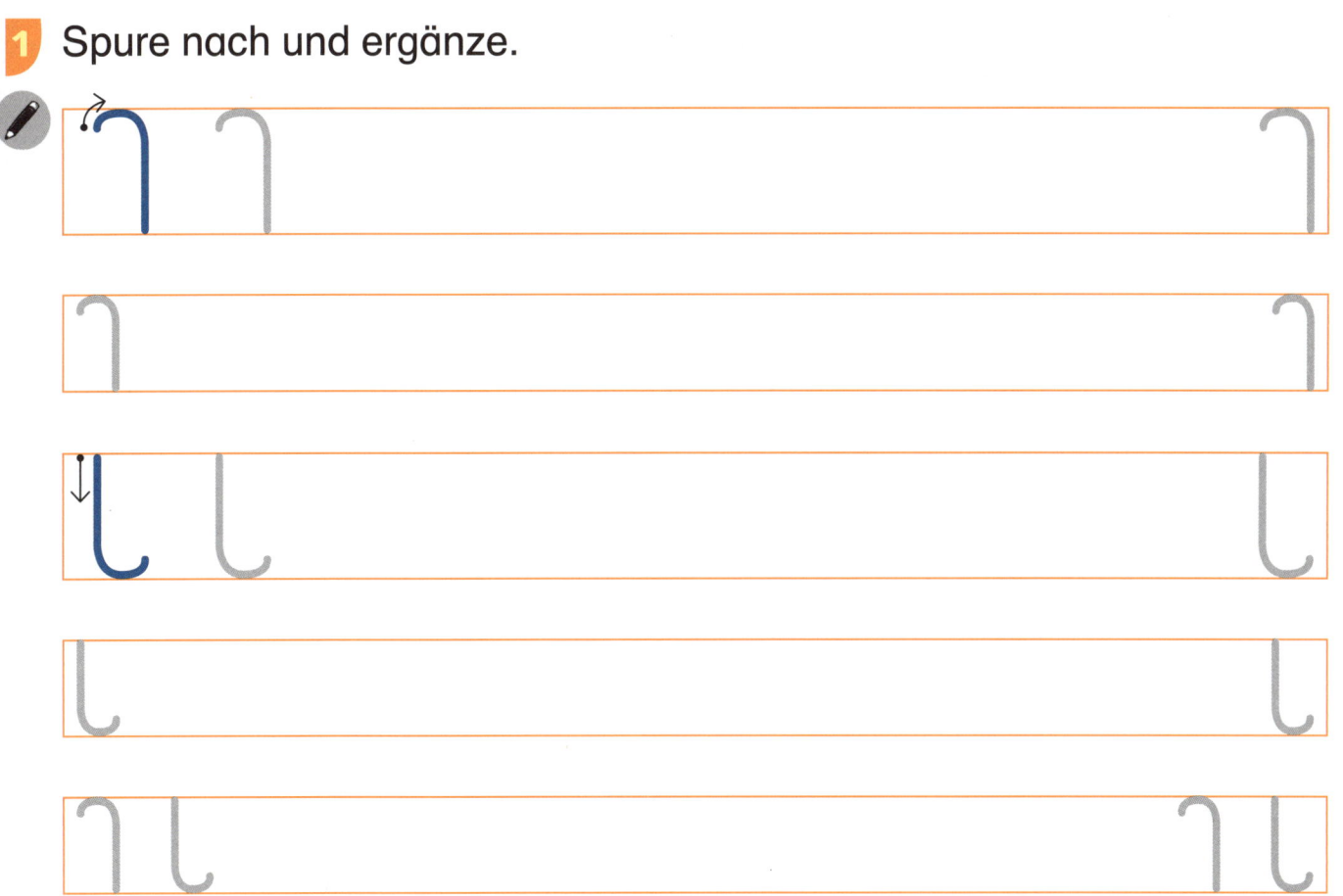

☺ ☺ ☹ 29

**1** Spure nach und ergänze.

**1** Spure nach und ergänze.

☺ ☐ ☹ 31

**1** Schreibe m, n, l, t und U.

m   m                               m

n   n                               n

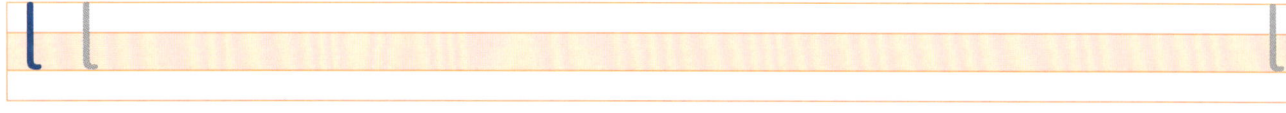

l   l                               l

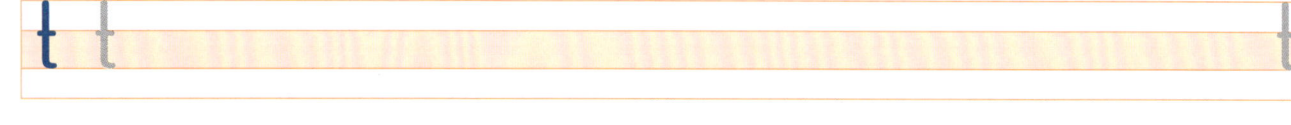

t   t                               t

U   U                              U

☺ ☺ ☹

Viel Spaß!

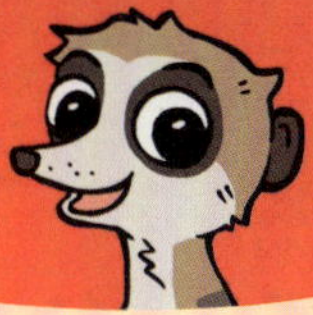

1 Bringe den Fisch in seine Höhle.

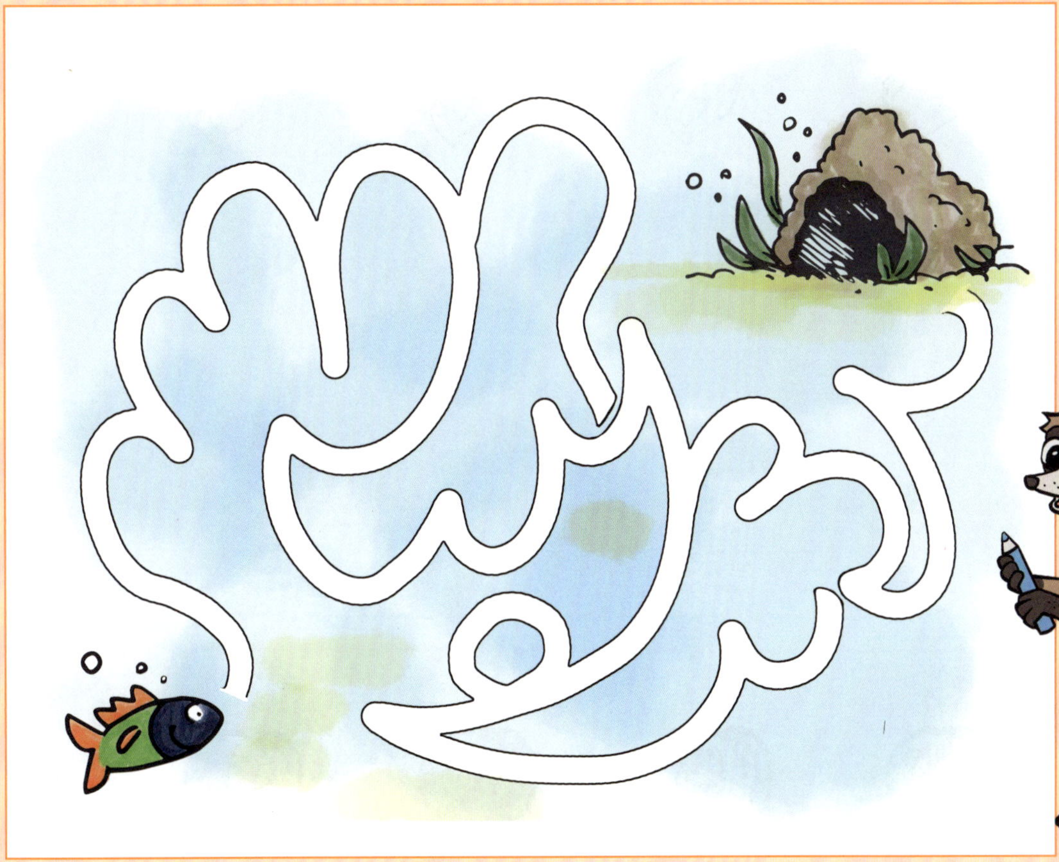

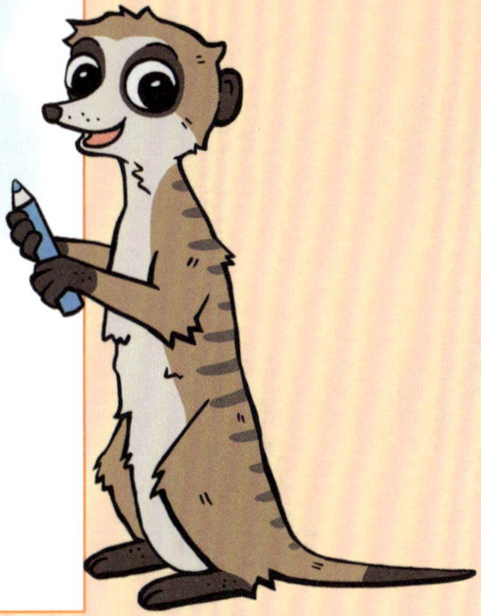

**1** Zeichne gerade Linien, hoch und runter.

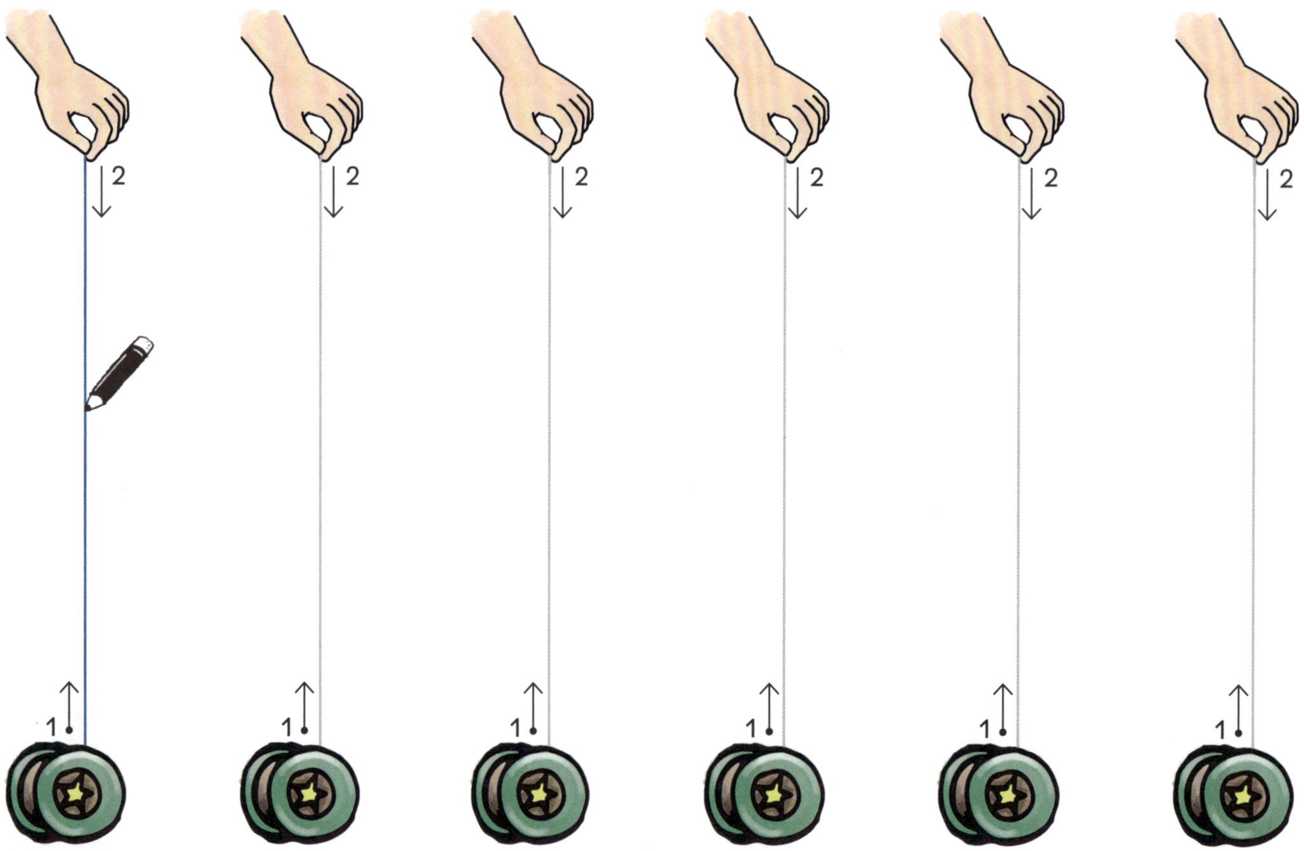

**1** Spure nach.

Welche Tiere entstehen hier?

nachspuren und weiterzeichnen

## 1 Spure nach und ergänze.

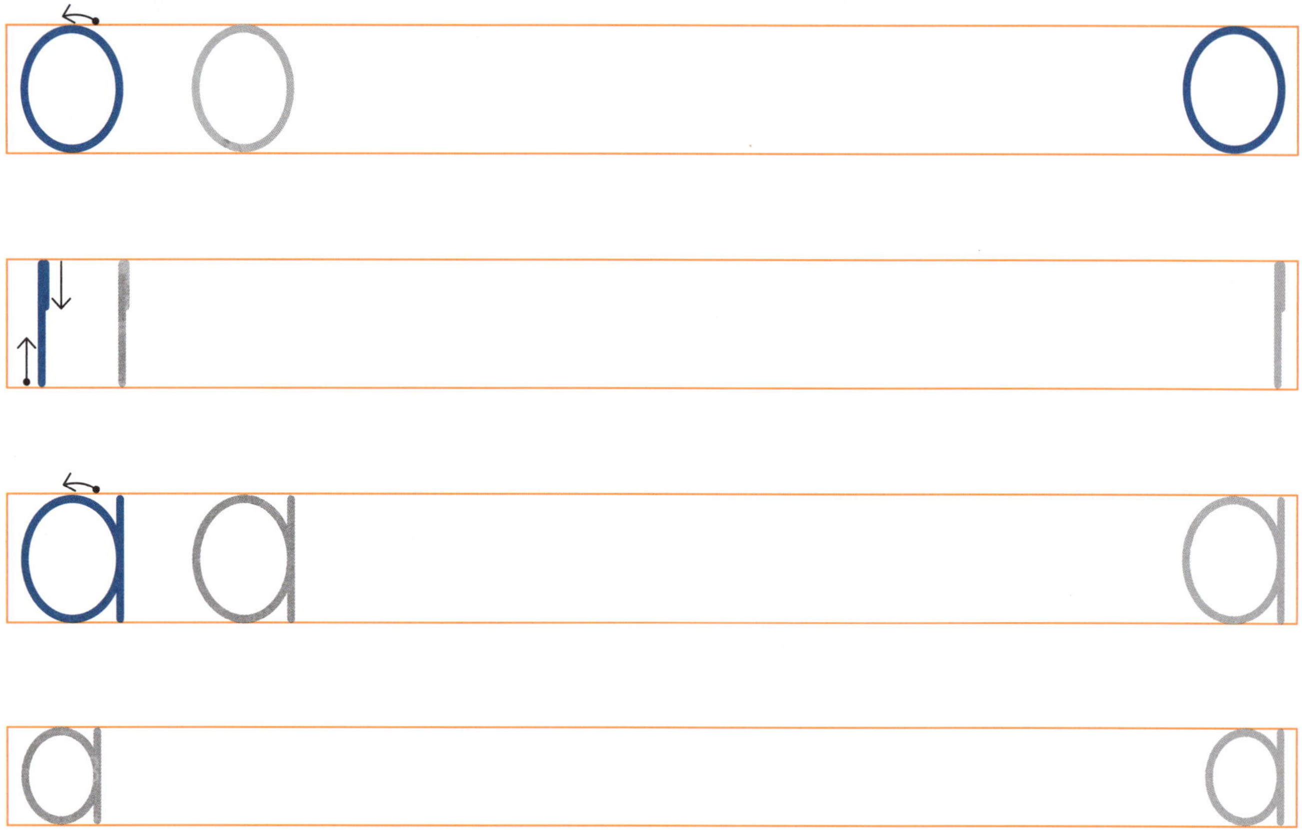

**1** Spure nach und ergänze.

a                                                                              a

a                                                                              a

d  d

d

☺ ☺ ☹ 37

**1** Schreibe a und d.

a    a                    a

a                        a

d    d                    d

d                        d

**1** Schreibe a und d.

Übung macht den Meister.

a · · · · · · · · · · · · · · · · · · · · · · · · · · · · · · · a

a · · · · · · · · · · · · · · · · · · · · · · · · · · · · · · · a

d · · · · · · · · · · · · · · · · · · · · · · · · · · · · · · · d

d · · · · · · · · · · · · · · · · · · · · · · · · · · · · · · · d

a d · · · · · · · · · · · · · · · · · · · · · · · · · · · · · a d

Viel Spaß!

**1** Spure nach und male aus.